Iroqueses, cheroquís y sioux

Los indígenas de Estados Unidos

Iroqueses, cheroquís y sioux
Los indígenas de Estados Unidos

Primera edición, 2015

Avenida Revolución 1181, piso 7,
colonia Merced Gómez,
03930, México, D. F.
www.nostraediciones.com

ISBN: 978-607-8237-51-7, Producciones Sin Sentido Común

Impreso en México / *Printed in Mexico*

Iroqueses, cheroquís y sioux

Los indígenas de Estados Unidos

Federico Navarrete

Ilustraciones de Richard Zela

NOS TRA EDICIONES

BLACKFOOT

SIOUX
IROQUOIS
CHEROKEE
HO
CATAWBA

ÍNDICE

Introducción 10

¿Eran salvajes los indígenas de Estados Unidos? 12

La Liga de los Iroqueses 18

Los cheroquís 32

Los pueblos de las praderas 44

El renacer indígena 58

Cronología 68

Bibliografía 74

Introducción

Lo que hoy es el territorio de Estados Unidos de América fue habitado por muchos pueblos indígenas diferentes. A partir del siglo XVI, los pueblos de América del Norte, como los de todas las regiones del continente, fueron atacados y sometidos por los inmigrantes europeos que llegaron a sus tierras. Pese a estas guerras y agresiones, hoy sobreviven decenas de pueblos indígenas en Estados Unidos, aunque sus costumbres han cambiado mucho en comparación con las que tuvieron antes de la llegada de los europeos.

América del Norte, como el resto del continente, fue poblada hace más de diez mil años por diversos grupos que llegaron de Asia caminando por el estrecho de Bering, que separa Siberia de Alaska. En esa época el estrecho no estaba cubierto por el océano, como ahora, sino que se encontraba congelado a causa de una glaciación, es decir, durante varios miles de años bajó la temperatura general del planeta y algunas regiones se congelaron.

Debido a esa glaciación, buena parte de América del Norte estaba cubierta de hielo, lo que hacía muy difícil la supervivencia, por eso muchos pueblos continuaron su camino hacia América Central y Sudamérica. Sin embargo, algunos lograron aclimatarse a las bajas temperaturas y se quedaron en esa parte del continente. Miles de años después, cuando el hielo comenzó a desaparecer conforme la Tierra volvía a calentarse, poblaron los riquísimos bosques, las grandes praderas cruzadas por inmensos ríos, las escarpadas montañas y los ardientes desiertos de América del Norte.

Fueron muchos los pueblos indígenas que llegaron a ocupar el actual territorio estadounidense, cada uno de ellos con idiomas, formas de pensar y costumbres diferentes. Sin embargo, los antropólogos, historiadores y arqueólogos que los estudian han encontrado que los pueblos de estas regiones tenían muchas cosas en común, como el aprecio por la libertad, el respeto por la naturaleza, la práctica de la cacería y el cultivo del maíz.

¿Eran salvajes los indígenas de Estados Unidos?

Para poder comprender realmente la historia y la forma de vida de los pueblos indígenas de lo que hoy es Estados Unidos, es necesario descartar un viejo prejuicio contra ellos: la idea de que eran salvajes y de que su forma de vida era más brutal que la de los europeos y la de los pueblos indígenas de otras regiones de América.

Los primeros europeos que llegaron a lo que hoy es Estados Unidos en los siglos XVI y XVII encontraron una tierra increíblemente rica, llena de bosques y de ríos, de tierras fértiles y de animales de caza. Sin embargo, cuando los primeros colonos ingleses trataron de establecerse de manera definitiva en estas tierras, alrededor de 1620, se encontraron con que el invierno era mucho más crudo que en Europa y la mayoría murió de frío y hambre.

Sólo unos cuantos colonos lograron sobrevivir gracias a la ayuda de los indígenas de la región, los pueblos algonquinos cuya lengua lleva su mismo nombre. Eran un grupo de pueblos emparentados entre sí que vivían en la costa del océano Atlántico. Los indígenas les regalaron comida a los colonos para aguantar el largo invierno y así aprendieron a comer pavo y maíz, calabaza y camote, arroz salvaje y otros productos cultivados y recogidos por los pobladores de esas tierras. El siguiente verano, los colonos también comenzaron a cultivar estos alimentos y así pudieron establecerse en la región.

Para conmemorar la generosidad de los indígenas, hasta el día de hoy los estadounidenses celebran la fiesta de Acción de Gracias, el cuarto jueves de noviembre, una de las más importantes del año para ellos. En la cena que preparan ese día, cocinan pavo, maíz y todos los demás alimentos que los indígenas les enseñaron a comer.

A pesar de que la supervivencia de los ingleses fue posible gracias a la generosidad y las enseñanzas de los indígenas algonquinos, los colonos pronto se convencieron de que nadie explotaba las vastas y riquísimas tierras de América del Norte y que tenían derecho a quedarse con ellas y utilizarlas para su propio beneficio.

Desde su punto de vista, el continente era virgen porque los pueblos indígenas no sabían aprovechar realmente las tierras que poseían. Pensaban que no las trabajaban de la manera "correcta", que no cultivaban la tierra ni aprovechaban los recursos naturales tan bien como se hacía en Europa. Además, tampoco tenían una religión "verdadera", como el cristianismo que ellos practicaban, no vivían en ciudades con edificios de piedra ni tenían un gobierno organizado con reyes y gobernantes. Por todas estas razones pensaban que eran salvajes y que eran inferiores a los europeos, aunque hubieran sido tan solidarios con ellos.

Los europeos, entonces, estaban convencidos de que tenían derecho a comprar las tierras a los indígenas por un valor muy bajo o incluso a quitárselas por la fuerza. Y eso fue lo que hicieron durante los siguientes trescientos años, hasta que despojaron de la mayoría de sus tierras a los pueblos indígenas de aquel territorio.

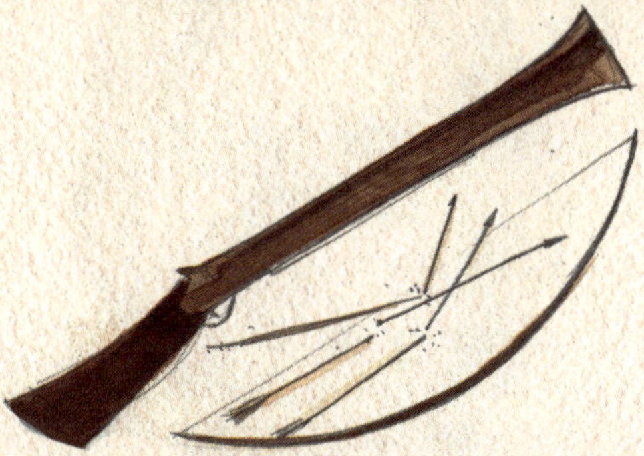

¿COLONIZACIÓN O CONQUISTA?

Hasta el día de hoy, cuando se habla de la manera en que los europeos se establecieron en América del Norte, se suele decir que *colonizaron* el continente, lo que significa que se apropiaron de una tierra sin habitar, pero no se menciona que también *conquistaron*, "ganar, mediante operación de guerra un territorio, población o posición", a los pueblos que vivían ahí desde antes.

La idea de que los pueblos indígenas de Estados Unidos eran salvajes o que no usaban adecuadamente sus tierras es equivocada y falsa, pues esos pueblos supieron aprovechar y cuidar los diversos y ricos ecosistemas en que vivían; los inmensos bosques, las fértiles tierras y la abundante caza que encontraron los colonos europeos existían, en buena medida, gracias a las acciones de los pueblos indígenas, pues ellos no sólo cultivaban la tierra y cazaban a los animales, sino que también cuidaban los bosques y permitían que las grandes manadas de venados y bisontes se reprodujeran.

Igualmente, durante varios siglos, los europeos pudieron sobrevivir y prosperar en esas tierras gracias a que comerciaban con los indios, y aprendieron de ellos a conocer el inmenso continente para aprovechar sus riquezas.

Hogares para todo tipo de clima

Los pueblos indígenas de Estados Unidos no construyeron grandes pirámides ni vivieron en populosas ciudades —a diferencia de teotihuacanos, mayas o mexicas—, pero aprendieron a construir casas de piel y de hojas, de lodo y de madera, que eran ideales para sobrevivir al calor del desierto y al frío de las praderas y los bosques.

Estos pueblos indígenas amaban la libertad. Antes de que llegaran los europeos, la mayoría vivía en sociedades en que no había reyes ni gobernantes y en que cada hombre y mujer era libre. Sin embargo, eran capaces de gobernarse y de vivir bien en comunidad.

Después de la llegada de los colonos y a lo largo de más de trescientos años, estas comunidades defendieron sus estilos de vida, su derecho a vivir y moverse libremente por sus bosques y sus praderas, por sus desiertos y montañas. Incluso después de que fueran despojados de sus tierras y obligados a vivir aislados en algunas zonas elegidas para ellos, llamadas "reservas", durante el siglo XIX, estos orgullosos hombres y mujeres han sabido defender sus formas de pensar y de vivir. Por eso, algunos pueblos indígenas de Estados Unidos aún sobreviven en el siglo XXI.

La Liga de los Iroqueses

Los iroqueses son un conjunto de pueblos, los mohawk, los oneida, los onondaga, los cayuga y los seneca, que viven en los bosques del noreste de Estados Unidos, principalmente en lo que hoy es el estado de Nueva York. Los iroqueses son famosos por dos razones; fundaron un gobierno único y libre, la Liga Iroquesa, que fue una inspiración para el gobierno de Estados Unidos y son recordados porque entre el siglo XVII y XIX fueron los pueblos indígenas más poderosos y ricos de la región, y por lo tanto, admirados y temidos por los colonizadores europeos.

Los pueblos iroqueses eran agricultores que sobre todo plantaban maíz, frijol y calabaza. Habían aprendido a cultivar estas plantas de los pueblos del sureste de Estados Unidos y, tras muchos esfuerzos, consiguieron adaptar el maíz para que creciera rápidamente en los cortos veranos de su región y pudiera ser cosechado antes de que comenzaran las heladas en el otoño. Además, los iroqueses se alimentaban de muchos tipos de bayas, nueces y otros frutos silvestres que crecían en sus bosques. Por otro lado, criaban guajolotes y comían la carne de venado que cazaban en abundancia.

El bosque como hogar

Los europeos se maravillaban de la habilidad con que los pueblos iroqueses y los algonquinos se movían por sus bosques, aunque no hubiera caminos. Era impresionante cómo sabían encontrar animales que cazar y agua para beber. Esto se debía a que, para ellos, el bosque no era un lugar extraño o ajeno, sino su propio hogar.

En suma, la vida de los iroqueses, así como la de los algonquinos y otros pueblos de la región, dependía de la riqueza de los bosques en que habitaban, por lo que aprendieron a cuidarlos. Para empezar, los indígenas preparaban sus campos de cultivo sin talar los árboles del bosque, lo que evitaba la erosión de la tierra. Por otro lado, cada año quemaban las plantas que crecían al pie de los árboles del bosque y así aumentaban su fertilidad y permitían que creciera más y mejor pasto para alimentar a los venados. Gracias a ello, vivían en sus bosques grandes cantidades de estos animales.

Los iroqueses vivían en grandes casas, conocidas como "casas largas", porque llegaban a tener más de cien metros de largo pero menos de diez metros de ancho. Estas casas largas eran habitadas por familias numerosas. Las casas estaban construidas con troncos de árboles tiernos, doblados en la punta para hacer el techo, y las paredes eran de corteza de árbol. En el centro de estas casas largas había un pasillo con los fogones donde cocinaban las mujeres; a los lados se encontraban separadas las habitaciones donde dormían los miembros de cada familia. Las casas largas eran ideales para sobrevivir en el clima extremoso del noreste de América del Norte, porque en verano eran frescas y en invierno, cálidas.

Los miembros de cada casa larga se consideraban parientes y compartían sus alimentos, sus armas y las pieles que usaban para protegerse del frío.

En cada pueblo iroqués había varias casas largas, todas rodeadas con una muralla de troncos para protegerse de sus enemigos. Alrededor de cada pueblo se encontraban los campos de cultivo de sus habitantes, los ríos de los que tomaban agua y los bosques que utilizaban para cazar y recolectar frutos y para extraer la miel de arce o maple de los troncos de esos árboles que crecían en abundancia en sus tierras.

Casas largas, comunidad unida

Las casas largas eran muy importantes para los iroqueses porque simbolizaban su vida en común y la convivencia pacífica. Los habitantes de una casa larga y de un pueblo se defendían unos a otros y combatían juntos a sus enemigos.

Un canto para agradecer al Gran Espíritu

Los iroqueses creían que su mundo había sido creado
por un ente superior llamado el Gran Espíritu
y a él dirigían el siguiente canto de agradecimiento:

"Los aquí presentes agradecemos al Gran Espíritu
porque nos hemos reunido para alabarlo.

Le agradecemos que haya creado a los hombres
y las mujeres y ordenado que siempre tengan hijos
aquí en la tierra.

Le agradecemos por el agua que sale de la tierra
y atraviesa nuestras tierras.

Le agradecemos por los animales de la tierra.

Le agradecemos por los árboles que crecen y que
nos dan la savia de sus troncos.

Le agrademos por las ramas de los árboles que nos
dan sombra y refugio.

Le agradecemos por los seres que vienen del oeste,
el trueno y los rayos que riegan nuestra tierra."

Cada cinco o seis generaciones, es decir, aproximadamente cada cien años, los habitantes de un pueblo abandonaban sus casas y sus campos de cultivo y construían otros en un lugar diferente del bosque. De esta manera permitían que se regenerara el suelo y así, muchos años después, podrían volver al mismo lugar y encontrar un bosque rico y fértil, listo para ser habitado de nuevo.

Es debido a esta costumbre de los iroqueses y de otros pueblos indígenas de la región, como los algonquinos, que los colonos europeos encontraron grandes extensiones de bosques sin aldeas ni campos de cultivo. Sin embargo, esto no significaba que estuvieran desocupadas, pues muchas de ellas habían sido cultivadas anteriormente y estaban a la espera de volver a ser usadas por los indígenas. Además estos bosques desocupados servían como territorios de caza y también se usaban para conseguir agua.

El *lacrosse*, un juego iroqués

En el siglo XVII, un misionero católico francés observó que los iroqueses practicaban un juego que consistía en golpear una pelota de hule sólido con un palo largo y tratar de meterla en un pequeño arco. Por esa razón lo bautizó como *lacrosse*, que significa "el palo" en francés.

Este juego no era sólo un deporte en que los jóvenes iroqueses y de otros pueblos indígenas demostraban su fuerza física y su valentía, como en la guerra. También era una ceremonia en la que honraban a sus dioses.

Durante siglos, los pueblos iroqueses hicieron la guerra unos contra otros para ver quién controlaría los mejores bosques y las tierras más fértiles de su región. También se atacaban para vengar las muertes provocadas por sus enemigos en guerras anteriores.

Según contaban ellos mismos, un hombre del pueblo mohawk llamado Hiawatha perdió a toda su familia en una guerra y enloqueció de dolor, por lo que se fue a vivir solo al bosque. Ahí conoció a un iroqués de otro pueblo, llamado Dekanawida, quien lo convenció de que sus pueblos debían abandonar la guerra y le pidió que lo ayudara a persuadir a los demás iroqueses.

Ambos convocaron a todos los hombres y mujeres iroqueses. Hiawatha les habló con palabras tan hermosas y sabias que logró que varios pueblos hicieran las paces. Sin embargo, Atotarho, el jefe onondaga, se opuso a esta idea, ya que había ganado todo su poder gracias a la guerra. Huyó furioso al bosque y ahí su cabello se llenó de serpientes, pues su mente estaba saturada de odio hacia los otros iroqueses. Finalmente, Hiawatha y Dekanawida fueron a buscarlo, el primero lo peinó con paciencia para liberarlo de todas las serpientes y el jefe onondaga pudo aceptar la paz.

De esta manera, estos dos hombres lograron persuadir a cinco pueblos, los mohawk, los oneida, los onondaga, los cayuga y los seneca, de que abandonaran la guerra y al final del siglo XVI se unieron en una nueva organización, la Liga Iroquesa.

Los enemigos de la liga

La Liga Iroquesa no incluyó a todos los pueblos indígenas: los hurones, que vivían hacia el norte, en lo que hoy es Canadá, no se unieron a ella y fueron sus principales enemigos. Tampoco participaron en ella los pueblos algonquinos que vivían cerca de la costa del océano Atlántico. Frente a estos pueblos, los miembros de la Liga tuvieron una gran ventaja, pues combatían juntos y podían vencer uno a uno a sus enemigos.

Entonces construyeron una casa larga en un pueblo de la tribu onondaga, donde se reunían los jefes de cada uno de los cinco pueblos iroqueses. Ahí resolvían pacíficamente cualquier pleito o disputa y también castigaban a quienes habían cometido crímenes. Igualmente, organizaban la defensa de los cinco pueblos y las guerras contra sus enemigos.

No obstante, cada pueblo mantuvo completa independencia para decidir sus asuntos internos. De esta manera, los iroqueses continuaron gozando de la libertad a la que estaban acostumbrados, pero también tenían la protección de un nuevo gobierno común.

Los dirigentes de los iroqueses no vivían de una manera muy diferente a la del resto de los miembros de sus pueblos, pues seguían trabajando la tierra y cazando como los demás. Su poder surgía del hecho de que eran respetados por su inteligencia y su valor, no porque fueran considerados distintos al resto de los iroqueses.

A lo largo del siglo XVI los pueblos indígenas del noreste de Estados Unidos entraron en contacto con diversos grupos de europeos, sobre todo ingleses y franceses, que comenzaron a llegar a su región. Pronto descubrieron que podían intercambiar las pieles de venado, castor y oso, animales que abundaban en sus bosques, por productos europeos como armas de fuego, cuchillos y herramientas de metal, así como ropa y adornos.

¿QUÉ ES UNA PIEL DE CASTOR?

Una de las pieles más preciadas por los europeos eran las pieles de castor, que usaban para hacer abrigos y sombreros. Sin embargo, estas pieles no eran solamente productos naturales que los indígenas vendían sin más, sino que eran producto de su ingenio y de su trabajo. Antes de vender las pieles de castor a los europeos, los iroqueses y otros pueblos cosían muchas de ellas para hacer abrigos que luego usaban durante meses hasta que el pelo del animal se impregnaba de la grasa de su piel. Con este pelo de castor mezclado con grasa humana se podía hacer un fieltro que era muy caliente e impermeable.

El comercio de pieles también trajo desventajas, porque las diferentes comunidades del noreste de América del Norte se pelearon entre sí para poder vender sus pieles a los europeos. En un principio los grandes comerciantes fueron los hurones, y los pueblos de la Liga Iroquesa se beneficiaron mucho menos. En 1649, sin embargo, vencieron a sus enemigos, los hurones, y se convirtieron en los principales comerciantes. Así pudieron prosperar inmensamente a lo largo del siguiente siglo. Por otra parte, pueblos indígenas comenzaron a cazar mucho más para aumentar sus ventas, lo que provocó que con el tiempo disminuyeran tanto el número de animales como el comercio de sus pieles.

A lo largo de los siglos XVII y XVIII la Liga Iroquesa fue muy rica y poderosa, y logró negociar con los gobiernos inglés y francés para defender su independencia y su territorio. Pero eran tantos los colonos que seguían llegando a vivir a América del Norte que necesitaban más y más tierras para establecer sus granjas. Estos hombres y mujeres comenzaron a internarse en los bosques de los iroqueses y pronto se enfrentaron a ellos.

Aunque los granjeros europeos solían comprar la tierra pacíficamente a los iroqueses y otros pueblos indígenas, en realidad les pagaban muy poco dinero y luego les impedían moverse libremente para cazar y buscar agua, algo que los indígenas estaban acostumbrados a hacer y que necesitaban para vivir. Igualmente, sus animales —vacas, puercos, caballos y burros— entraban a los campos de maíz de los indígenas y se comían las plantas que cultivaban.

Era tan fuerte la rivalidad entre los iroqueses y los colonos que cuando estos buscaron la independencia de Inglaterra, a partir de 1776, la Liga Iroquesa se alió con el gobierno inglés en su contra. Los indígenas pensaban, con razón, que si los colonos ganaban, intentarían quitarles todas sus tierras.

Finalmente, los colonos consiguieron la independencia y fundaron Estados Unidos de América. El nuevo país consideró a los indios como sus enemigos y no tardó en despojar de la mayoría de sus tierras a los iroqueses y a otros pueblos de la región. Así fue como terminó el gran poderío de la Liga Iroquesa.

¿QUÉ SIGNIFICA COMPRAR LA TIERRA?

Cuando un colono inglés y un iroqués firmaban un contrato en donde el primero compraba la tierra del segundo a cambio de un poco de dinero, estaban haciendo dos cosas muy distintas. Desde el punto de vista del colono, el iroqués, al firmar o poner una marca en un contrato escrito, aceptaba las leyes de los ingleses. Además, al aceptar el dinero cedía completamente y para siempre la tierra que había vendido. Eso significaba que el colono tenía ahora el derecho de cercar la tierra, de hacer con ella lo que quisiera y de impedir que nadie más entrara a su terreno. Desde el punto de vista del iroqués, el papel no significaba mucho, pues no sabía leer ni hablar inglés. Para él, la venta significaba que el colono podía usar la tierra, como él mismo la usaba, pero él y los otros indígenas conservaban el derecho a pasar por ahí para cazar animales y buscar agua. Por eso, el colono no debía levantar cercas ni impedirles el paso. Desgraciadamente, cuando el colono y el iroqués estaban en desacuerdo, el colono acudía a un juez inglés que le daba toda la razón a él y castigaba al indígena.

No obstante, la forma de gobierno justa y libre de los iroqueses sirvió de inspiración a Benjamin Franklin y otros fundadores de Estados Unidos para organizar el gobierno federal de su nuevo país. Los iroqueses, por su parte, han seguido viviendo en la región y al día de hoy han prosperado mucho en sus reservas, donde recuerdan con orgullo su pasado.

Los cheroquís

Desde hace más de dos mil años, los pueblos indígenas del sureste de Estados Unidos desarrollaron una cultura compleja y rica en lo que hoy son los estados de Georgia, Carolina del Norte y del Sur y Tennessee. Construyeron grandes montículos de tierra que servían de templos para sus dioses y llegaron a comerciar con pueblos tan distantes que vivían hasta lo que hoy es México. A la llegada de los europeos algunos de estos pueblos adoptaron sus costumbres y tecnologías y se convirtieron en las llamadas Cinco Tribus Civilizadas: los cheroquís, los crees, los choctaw, los chicasaw y los seminoles.

El cultivo del maíz era el centro de la vida de los pueblos indígenas del sureste de Estados Unidos. Esta planta llegó a la región desde Mesoamérica —la mitad sur del actual México y la mitad norte de Centroamérica— pero fue adaptada por ellos al clima de la región. Gracias a esto, pudieron producir grandes cantidades de alimentos que les permitieron vivir en vastas poblaciones. En ellas levantaron imponentes montículos de tierra, arriba de los cuales colocaron los templos para sus dioses.

La fiesta más importante que realizaban los pueblos indígenas de la región era la Ceremonia del Maíz Nuevo, que se llevaba a cabo al final de su cosecha y en la que se celebraba la fertilidad y la abundancia de alimentos. Antes de la fiesta, todas las mujeres y hombres ayunaban para limpiar su cuerpo de la comida del año anterior y apagaban todas las fogatas de sus casas. Durante la fiesta prendían una gran hoguera y en ella asaban las mazorcas de la nueva cosecha para comerlas por primera vez; después repartían el fuego entre todos los hogares. De esta manera iniciaban un nuevo año, con maíz y fuego nuevos.

Conjuro cheroquí de amor

Cuando un joven cheroquí deseaba conseguir el amor de una muchacha, podía recitar este conjuro para capturar su corazón:

"Soy tan rojo y tan hermoso como el arcoíris.
Tu corazón ha sido capturado por mí.
Tu sangre ha sido capturada por mí.
Tu carne ha sido capturada por mí.
Tus ojos han sido capturados por mí.
Tu saliva ha sido capturada por mí.
Tu saliva y la mía son una, para siempre.
Eres una maga."

Contrario a lo que pasaba con los iroqueses y los sioux, los gobernantes de los pueblos indígenas del sureste vivían una vida muy diferente a la del resto de la población; tenían más riquezas y eran considerados nobles, por lo que se pensaba que eran los únicos que tenían derecho a gobernar a sus pueblos. Además, las tumbas de estos nobles eran mucho más lujosas que las del resto de las personas.

El juego de pelota

Otra actividad importante para estos pueblos era jugar a la pelota. En estos juegos participaban los jóvenes de las diversas aldeas que pateaban una pelota o la empujaban con raquetas. Los juegos entre las diversas poblaciones eran como pequeñas batallas en que los jóvenes de cada una demostraban su valor y su fuerza física.

Los gobernantes de las comunidades del sureste eran llamados "los Hombres y Mujeres Amados" y se reunían en concejos donde discutían y decidían el destino de sus pueblos. En estos concejos, los jefes guerreros defendían lo que se llamaba "el Camino Rojo", que tenía que ver con la guerra, y los demás gobernantes defendían "el Camino Blanco", que tenía que ver con la paz. La idea era que ambas opciones se balancearan para el bien de la comunidad.

Los europeos y los nobles cheroquís

El comercio con los europeos hizo que los nobles cheroquís se hicieran cada vez más ricos que el resto de la población. Pronto comenzaron a hablar inglés y a vestirse con ropas europeas, y muchos de ellos se casaron con colonizadores de la región.

En el siglo XVI comenzaron a llegar diversos grupos de europeos al sureste de América del Norte: españoles, franceses e ingleses. En un principio estos colonizadores no afectaron tanto a los pueblos indígenas de la región, pues les compraron pieles de animales a cambio de armas de fuego.

Sin embargo, a partir del siglo XVIII llegaron más colonos europeos que comenzaron a instalarse en las tierras que pertenecían a los indígenas. Lógicamente esto produjo más enfrentamientos y provocó que el Camino Rojo de la guerra se hiciera más importante para los pueblos de la región que el Camino Blanco de la paz.

Después de que Estados Unidos de América se independizara de Inglaterra a fines del siglo XVIII, la situación de los pueblos indígenas del sureste empeoró rápidamente. En unos cuantos años el nuevo gobierno estadounidense consiguió que los franceses y los españoles abandonaran la región, donde fundaron los estados de Georgia y Alabama, y comenzaron a crear leyes para despojar a los indígenas de sus territorios.

Los misioneros y los cheroquís

Los cheroquís fueron el pueblo que modificó más profundamente su forma de vida para parecerse a los norteamericanos. A principios del siglo XIX invitaron a sus tierras a misioneros cristianos para que les enseñaran su religión y para que educaran a sus hijos de acuerdo con las costumbres de los colonos norteamericanos. Estos misioneros fundaron varias escuelas para los niños cheroquís, en particular para los hijos de los gobernantes.

Ante esta situación, un sector importante de estos pueblos decidió que lo mejor que podían hacer para conservar sus tierras y su independencia era adoptar las formas de vivir y de actuar de los estadounidenses, para así demostrar que no eran salvajes y ganarse su respeto.

Un orfebre cheroquí llamado Sequoyah al comerciar con los blancos se dio cuenta de que la escritura era una gran ventaja para ellos, pues las “hojas que hablan” —como llamaban a las hojas de papel escritas— les permitían comunicarse mejor y a grandes distancias. Por eso inventó un sistema de escritura para la lengua cheroquí.

El silabario cheroquí

Sequoyah tardó doce años en perfeccionar el sistema de escritura para la lengua cheroquí. Aunque no hablaba inglés, se dio cuenta desde el principio de que el alfabeto usado por los europeos no serviría para su idioma, pues éste tenía muchos sonidos diferentes. En un primer momento pensó en inventar un signo para cada una de las palabras de su lengua, pero pronto descubrió que aprender miles de palabras diferentes sería muy difícil. Finalmente, decidió hacer un silabario, es decir, un sistema en que cada una de sus ochenta y cinco letras representaba el sonido de una sílaba completa, y las sílabas se sumaban para hacer palabras.

a			e		i		o	u	v [e]
Ꭰ a			Ꭱ e		Ꭲ i		Ꭳ o	Ꭴ u	Ꭵ v
Ꭶ ga	Ꭷ ka		Ꭸ ge		Ꭹ gi		Ꭺ go	Ꭻ gu	Ꭼ gv
Ꭽ ha			Ꭾ he		Ꭿ hi		Ꮀ ho	Ꮁ hu	Ꮂ hv
Ꮃ la			Ꮄ le		Ꮅ li		Ꮆ lo	Ꮇ lu	Ꮈ lv
Ꮉ ma			Ꮊ me		Ꮋ mi		Ꮌ mo	Ꮍ mu	
Ꮎ na	Ꮏ hna	Ꮐ nah	Ꮑ ne		Ꮒ ni		Ꮓ no	Ꮔ nu	Ꮕ nv
Ꮖ qua			Ꮗ que		Ꮘ qui		Ꮙ quo	Ꮚ quu	Ꮛ quv
Ꮝ s	Ꮜ sa		Ꮞ se		Ꮟ si		Ꮠ so	Ꮡ su	Ꮢ sv
Ꮣ da	Ꮤ ta		Ꮥ de	Ꮦ te	Ꮧ di	Ꮨ ti	Ꮩ do	Ꮪ du	Ꮫ dv
Ꮬ dla	Ꮭ tla		Ꮮ tle		Ꮯ tli		Ꮰ tlo	Ꮱ tlu	Ꮲ tlv
Ꮳ tsa			Ꮴ tse		Ꮵ tsi		Ꮶ tso	Ꮷ tsu	Ꮸ tsv
Ꮹ wa			Ꮺ we		Ꮻ wi		Ꮼ wo	Ꮽ wu	Ꮾ wv
Ꮿ ya			Ᏸ ye		Ᏹ yi		Ᏺ yo	Ᏻ yu	Ᏼ yv

En unos cuantos años la mayoría de los cheroquís aprendieron a leer y escribir su idioma en esta escritura, y un gobernante, Elias Boudinot, adaptó las letras para que pudieran ser usadas en una imprenta. Gracias a ello, los cheroquís pudieron imprimir una traducción de la *Biblia* a su idioma y también fundaron un periódico, el *Fénix Cheroquí*.

El *Fénix Cheroquí*

Elias Boudinot, el fundador de este periódico, lo llamó el "fénix" porque esa ave mítica es capaz de renacer de sus cenizas y él pensaba que el pueblo cheroquí podría renacer gracias a la escritura y la adopción de formas de vida europeas.
El periódico se comenzó a publicar en 1828 e informó a todo el pueblo cheroquí de las noticias que los afectaban a ellos y a sus vecinos.
Como su editor se dio cuenta de que los otros pueblos indígenas tenían problemas similares a su propio pueblo, un año después el periódico fue rebautizado como el *Fénix Cheroquí y el defensor de los indios*.
En la actualidad el *Fénix Cheroquí* sigue publicándose, aunque ahora en lengua inglesa.

Al mismo tiempo, los cheroquís organizaron su gobierno de forma muy parecida al de Estados Unidos. En primer lugar, fundaron una capital y ahí construyeron edificios para su presidente, el congreso y los tribunales. Luego redactaron una constitución y otras leyes. El primer Gran Jefe, o presidente, de los cheroquís fue John Ross, quien sabía hablar inglés y así podía negociar con los estadounidenses.

Los cheroquís solicitaron que el gobierno de Estados Unidos los reconociera como otro estado más de la unión, al igual que Georgia y Alabama. Sabían que si conseguían este reconocimiento podrían defender mejor sus tierras y su forma de vida. Sin embargo, ni el gobierno de Estados Unidos ni el del estado de Georgia aceptaron. Así mostraron que no querían reconocer ningún derecho a los indios, sin importar cuán "civilizados" fueran.

A partir de 1830, el gobierno del estado de Georgia y el gobierno de Estados Unidos decidieron expulsar a las Cinco Tribus Civilizadas —cheroquís, crees, choctaw, chicasaw y seminoles— de sus territorios en el sureste de América del Norte y forzarlos a emigrar hasta Oklahoma, en el oeste, del otro lado del río Mississippi.

Algunos pueblos, como los crees y los seminoles, decidieron seguir el Camino Rojo y enfrentarse por las armas al ejército de Estados Unidos, pero fueron vencidos tras varios años de guerra. Otros, como los choctaw y parte de los cheroquís, optaron por mudarse voluntariamente, pues pensaban que no tenía sentido resistirse contra la fuerza de los colonos estadounidenses y que en Oklahoma encontrarían una mejor forma de vida. Así, entre 1830 y 1838, los cinco pueblos fueron obligados a emprender el viaje hasta la distante Oklahoma, a más de mil kilómetros de distancia.

Este viaje forzoso se llamó el "Sendero de las Lágrimas" por los grandes padecimientos que sufrieron los indígenas. Los que viajaron en invierno tuvieron decesos en grandes cantidades a causa del frío, los que viajaron en verano sufrieron el calor y las enfermedades. Todos padecieron cansancio y falta de alimentos. Miles de niños, ancianos, mujeres y hombres quedaron en el camino.

Sin embargo, las Cinco Tribus Civilizadas del sureste no se dejaron vencer. En su nuevo hogar, en Oklahoma, reconstruyeron su vida y su gobierno; fundaron granjas y organizaron nuevamente los concejos de los Hombres y Mujeres Amados para gobernarse. También defendieron sus derechos y sus nuevas tierras frente a las agresiones de los colonos europeos que comenzaron a llegar a la zona.

Los cheroquís africanos

Cuando la esclavitud era legal en Estados Unidos, los granjeros cheroquís más prósperos compraron esclavos africanos para que trabajaran en sus plantaciones de algodón y tabaco, como lo hacían los granjeros blancos más ricos. Luego, cuando fueron obligados a mudarse a Oklahoma los llevaron consigo como su propiedad. Cuando se decretó la abolición de la esclavitud en 1864, los cheroquís liberaron también a sus esclavos y muchos decidieron quedarse a vivir con sus antiguos amos en los territorios de Oklahoma. En la actualidad los cheroquís negros son los descendientes de estos antiguos esclavos y son considerados miembros de este pueblo.

Hasta el día de hoy, los cheroquís, choctaw, crees, chicasaw y seminoles siguen viviendo orgullosos de su largo pasado, sin olvidar su vida en las lejanas tierras del sureste ni la lucha que mantuvieron entonces para sobrevivir las adversidades que padecieron.

Los pueblos de las praderas

LOS SIOUX Y LOS DEMÁS PUEBLOS —LOS OMAHA, LOS CROW Y LOS KIOWA— QUE VIVÍAN EN LAS INMENSAS PRADERAS DEL CENTRO DE ESTADOS UNIDOS, ENTRE EL RÍO MISSISSIPPI Y LAS MONTAÑAS ROCOSAS, SON LOS FAMOSOS "PIELES ROJAS" DE LAS PELÍCULAS DEL OESTE QUE APARECEN MONTADOS SOBRE SUS CABALLOS, ARMADOS CON RIFLES, CON LOS ROSTROS PINTADOS Y VESTIDOS CON VISTOSAS ROPAS DE CUERO Y GRANDES PENACHOS DE PLUMAS SOBRE LA CABEZA. SEGÚN ESAS PELÍCULAS, ESTOS HOMBRES ERAN GUERREROS SALVAJES Y FUERON ENEMIGOS TEMIBLES DE LOS EUROPEOS QUE LLEGARON A ESA REGIÓN EN EL SIGLO XIX. PERO ESTA IMAGEN CINEMATOGRÁFICA NO HACE JUSTICIA A LA RIQUEZA DE LAS FORMAS DE VIVIR Y DE PENSAR DE ESTOS PUEBLOS.

Los pueblos indígenas de las praderas eran excelentes jinetes y utilizaban sus caballos para cazar a los rápidos y fuertes bisontes que poblaban las grandes planicies y que en esa época vivían en rebaños de millones. La vida de los sioux y de sus vecinos dependía de sus caballos, pues estos animales les daban la movilidad y la velocidad que necesitaban para cazar bisontes. Los guerreros y cazadores indígenas los montaban usando únicamente las piernas, sin necesidad de las sillas, espuelas, bridas y frenos que utilizaban los europeos para controlar a sus corceles.

Aunque según las películas del Oeste pareciera que los pieles rojas vivieron con caballos durante miles de años, estos animales no existían en América antes de la llegada de los europeos. Los corceles que montaban los pueblos de las praderas, llamados "mostrencos", llegaron a Norteamérica a fines del siglo XVI cuando los españoles conquistaron la región de Nuevo México en el suroeste de Estados Unidos. Los españoles enseñaron a sus amigos indígenas de la región a cuidar y montar los caballos, y a su vez éstos se lo enseñaron a otros pueblos indígenas que vivían más al norte.

Mientras tanto, algunos de los caballos que llegaron con los españoles escaparon a las vastas praderas de América del Norte donde encontraron un hogar ideal, con abundante pasto. Para el siglo XVIII, los caballos llegaron hasta la zona del norte de las praderas donde vivían los sioux, cerca de lo que hoy es el estado de Minnesota.

Los sioux vivían en los bosques de Minnesota y se habían dedicado fundamentalmente al cultivo de maíz y hortalizas, y complementaban su alimentación con un poco de cacería. A fines del siglo XVIII, sin embargo, estaban siendo obligados a cambiar su forma de vida. Conforme los europeos colonizaban América del Norte desde la costa este, empujaban hacia el oeste a los pueblos indígenas que allí vivían, quienes a su vez obligaban a sus vecinos a desplazarse aún más. Así fue como los sioux tuvieron que dejar los bosques y mudarse hacia las praderas, donde era más difícil practicar la agricultura porque las lluvias eran insuficientes.

Para su fortuna y gracias a los caballos, los sioux y otros pueblos de la región encontraron una manera de cazar bisontes en grandes cantidades. Así fue como se convirtieron en cazadores de tiempo completo, dejaron de sembrar maíz y se limitaron a cultivar ciertas hortalizas y a recolectar frutos silvestres, como las bayas.

Canto al bisonte

Los omaha, un pueblo vecino de los sioux, cantaban la siguiente plegaria para ayudarse en la caza del bisonte: "Aquél que he herido se mueve por allá, por allá se mueve, sangrando por la boca. Aquél que he herido se mueve por allá, por allá se mueve, con pasos vacilantes. Aquél que he herido se mueve por allá, por allá se tambalea, por allá cae."

Como el bisonte se convirtió en su principal sustento, los hombres y mujeres de las praderas aprendieron a aprovechar cada parte de los animales que cazaban. La mejor carne se consumía después de la cacería, en auténticos festines que duraban varios días y en los que participaba toda la tribu.

El resto de la carne se secaba, se ahumaba o se salaba para ser almacenada y consumida más tarde, sobre todo en el invierno cuando la cacería era muy difícil. La piel se utilizaba para confeccionar vestidos, mantos y zapatos que los sioux y sus vecinos gustaban de adornar con plumas, dibujos y cuentas de vidrio.

Con la piel de los bisontes se fabricaban también las cubiertas de los tipis, las tiendas portátiles donde vivían los pueblos de las praderas. Estas casas en forma de cono, que los *westerns* o películas del Oeste han hecho tan famosas, resultaban realmente prácticas. Eran fáciles de armar y desarmar y los postes de madera y las pieles que las componían podían ser cargados sin dificultad a los diversos lugares donde los sioux seguían a los bisontes a lo largo del año; al norte en verano, cuando las grandes manadas subían a comer el pasto de las praderas, y al sur en invierno, cuando escapaban de la nieve y el frío.

La comodidad del tipi

El interior de los tipis era muy cómodo, pues sus paredes de piel protegían del frío y del calor a los habitantes, además, había suficiente espacio para que una familia se acomodara perfectamente alrededor del fogón.

Los huesos de los bisontes servían para fabricar agujas, cuchillos y otros instrumentos duros. Con los nervios se hacían hilos y cuerdas para los arcos con los que se cazaba. Los cuernos se usaban como adornos.

Conforme se dedicaron a la caza, los sioux y sus vecinos también se volvieron más aguerridos. Ahora que todos necesitaban de los caballos para sobrevivir, era frecuente que atacaran a sus vecinos para robarles los suyos, o que combatieran con otros pueblos para controlar los territorios de caza de los bisontes.

Vida de cazadores

Los pueblos de las praderas disfrutaban mucho su vida, dedicada a la cacería y a la guerra. En general no les faltaban los alimentos, y les gustaba vivir en las amplias praderas y tener la libertad para moverse de un lugar a otro.

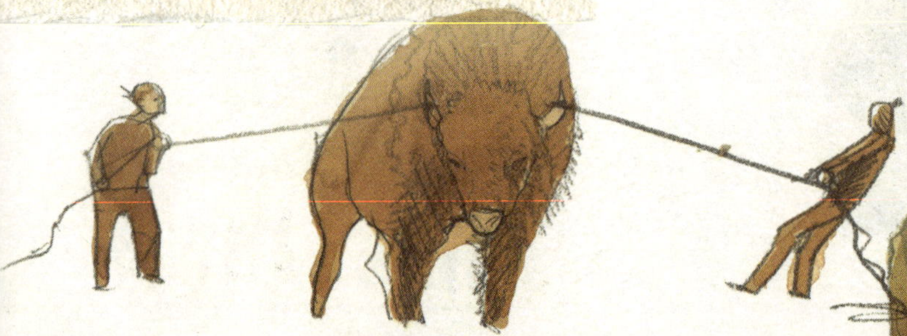

Los hombres sioux se preciaban de su gran valentía y se sentían muy orgullosos de sus hazañas en la cacería de bisontes y en la guerra contra sus enemigos. Los nombres que recibían y los adornos y ropa que usaban eran un recordatorio de estas hazañas.

Los nombres de los guerreros

Toro Sentado (Tatanka Yotanka) era el nombre de uno de los más respetados guerreros y dirigentes sioux que combatieron con valentía al ejército de Estados Unidos. Este nombre lo obtuvo de joven cuando logró lazar y detener a un poderoso bisonte hasta conseguir que se sentara, en señal de sumisión. De esta manera, su nombre permitía recordar siempre su hazaña y su valentía.

Caballo Loco (Thasunke Witko) era otro gran dirigente sioux y obtuvo su nombre en una visión mística en que se vio a sí mismo montado sobre un caballo sagrado, hecho sólo de sombras, que danzaba con la música. El caballo no estaba loco, simplemente bailaba de una manera extraña y el nombre de su jinete conmemoró para siempre esta visión.

Nube Roja (Mahpiuta-Luta) era un guerrero muy respetado y un líder en la resistencia de la nación sioux frente a colonos y mineros que, tras el descubrimiento de oro en el territorio de Montana, cruzaban por sus tierras. Nube Roja obligó a las tropas que resguardaban esta ruta a retirarse y solicitó el segundo Tratado de Paz del Fuerte Laramie.

A mediados del siglo XIX los sioux y sus vecinos se encontraron con nuevos enemigos. Los colonos estadounidenses comenzaron a llegar a sus territorios en las praderas: eran mineros que buscaban oro en las colinas de Dakota, granjeros y ganaderos que querían explotar las tierras de la región o predicadores que querían convertir a los indígenas al cristianismo.

Conjuro crow para dormir a un enemigo

Con este conjuro los guerreros del pueblo crow hacían dormir a sus enemigos antes de atacarlos, recordándoles lo placentera que era su vida en las praderas:

"En primavera, cuando nos acostamos sobre el pasto verde bajo los cerezos tiernos y el sol nos calienta un poco, sentimos ganas de dormir, ¿no es cierto?

En otoño, cuando hay un poco de brisa y nos tumbamos en un refugio y escuchamos las hojas secas tallándose entre sí, nos gana el sueño, ¿no es cierto?

Durante el día, cuando la llovizna tamborilea contra la tienda y nos tiramos para calentarnos las plantas de los pies, nos dormimos, ¿no es cierto?

De noche, cuando nos acostamos y escuchamos el viento que silba entre los árboles descoloridos, no sabemos cómo, pero nos dormimos, ¿no es cierto?

Encontramos un claro entre los pinos para montar nuestro campamento. El viento sopla sobre nosotros y nos sentimos cansados. Nos acostamos y escuchamos a los árboles que susurran hasta que nos quedamos dormidos."

Los sioux y los demás pueblos de las praderas negociaron con el gobierno de Estados Unidos y firmaron varios tratados para garantizar que sus tierras fueran respetadas. Pero cada vez, los mineros, ganaderos y comerciantes blancos violaron estos tratados y continuaron despojando a los indígenas de sus posesiones.

Ante estas repetidas violaciones, los sioux decidieron combatir con todas sus fuerzas a quienes invadían su territorio. Gracias a sus caballos y a sus armas pudieron resistir por mucho tiempo los ataques de los colonos y del ejército estadounidense. Sus grandes jefes, como Toro Sentado, Caballo Loco y Nube Roja, lograron derrotar en varias ocasiones a los soldados de Estados Unidos. Fue en estos combates, sostenidos en defensa de sus tierras y de su vida, que los pueblos de las praderas ganaron la reputación de ser temibles guerreros.

Pese a su gallardía, los sioux fueron arrollados por los estadounidenses. En primer lugar, porque eran mucho más numerosos: si los sioux derrotaban a un batallón, el ejército de Estados Unidos mandaba diez más. Además podían atacarlos en invierno, cuando los sioux estaban más indefensos. En 1877 estas tribus se rindieron y fueron confinadas a una pequeña reserva en lo que hoy es el estado de Dakota.

Palabras del jefe sioux Toro Sentado en el momento de rendirse a los soldados de Estados Unidos

"¿Cuál de los tratados que los blancos hayan respetado ha sido roto por los indios? Ninguno. ¿Cuál de los tratados hechos con los blancos se ha cumplido? Ninguno. Cuando yo era niño los sioux eran dueños del mundo. El sol se levantaba y se ponía en nuestros territorios, mandábamos diez mil hombres a las batallas. ¿Dónde están hoy los guerreros? ¿Quién los asesinó? ¿Qué fue de nuestras tierras? ¿Quién es su dueño? ¿Cuál de los hombres blancos puede jurar que le he robado dinero o tierra? Y sin embargo me llaman ladrón. ¿A qué mujer blanca, sin importar qué tan sola estuviera, he capturado o insultado? Y a pesar de eso me llaman indio malo. ¿Quién me ha visto borracho? ¿Quién que se haya acercado a mí con hambre se ha quedado sin comer? ¿Quién me ha visto golpear a mis mujeres o maltratar a mis hijos? ¿Qué ley he transgredido? ¿Acaso es un crimen que ame mis tierras? ¿Es reprobable que mi piel sea roja? ¿Es porque soy sioux, porque nací donde vivió mi padre, porque estoy dispuesto a morir por mis tierras y por mi gente?"

Al mismo tiempo que fueron conquistados, los sioux y sus vecinos presenciaron la extinción de los bisontes. A lo largo del siglo XIX ellos mismos habían disminuido mucho la población de estos animales cuando comenzaron a cazarlos en grandes cantidades para vender su piel a los comerciantes blancos. A partir de 1870 los vendedores de pieles y los ganaderos blancos decidieron exterminar a los bisontes para abrir paso a las vacas que querían criar en las praderas. Cientos de cazadores blancos, con ayuda de muchos indios, mataron a los bisontes por millones, hasta que no quedaron más que unos cuantos, refugiados en los parques naturales de la región.

Ante tal disminución del número de bisontes, los sioux y los demás pueblos de las praderas tuvieron que abandonar la cacería, que tanto les gustaba, como su forma de vida. Entonces no les quedó más que resignarse a vivir en las reservas que les dejó el gobierno de Estados Unidos.

El fin de los bisontes

Los kiowa narraban así cómo desaparecieron los bisontes de las praderas:

"Los blancos contrataron hombres que se ocuparon solamente de exterminar a los bisontes. Los cazadores recorrían las planicies matando animales; tras ellos, venían los peleteros a recoger las pieles y los huesos, y los mandaban a las grandes ciudades del este. A veces, junto a la vía del tren se apilaban torres de huesos de la altura de un hombre a lo largo de más de un kilómetro.

Fue entonces que los bisontes se dieron cuenta de que sus tiempos terminaban. Ya no podrían proteger a su gente. Con tristeza, los sobrevivientes se reunieron para decidir qué harían.

En esos días los kiowa acampaban al norte de la montaña Scott. Una mañana, muy temprano, una muchacha se levantó a traer agua. Del otro lado del río vio a la última manada de bisontes, emborronada por la bruma, como en sueños.

El Jefe de los Bisontes los dirigía hacia la montaña Scott, que se había abierto para recibirlos. Tras él iban hembras, crías y unos cuantos machos jóvenes. El interior de la montaña era verde y fresco, como la pradera hacía muchos años. Los ríos eran claros, aún no los enrojecía la sangre de los animales muertos. Los ciruelos silvestres florecían.

A ese lugar de hermosura se retiraron los bisontes, para siempre. La montaña se cerró tras ellos y nunca más se les volvió a ver."

El renacer indígena

Todos los pueblos indígenas de Estados Unidos perdieron la mayor parte de sus tierras y fueron obligados a vivir encerrados como en una cárcel en las reservas que les dejó el gobierno estadounidense. En estas reservas muchos pueblos no pudieron seguir practicando la forma de vida que habían tenido anteriormente; los sioux, por ejemplo, ya no pudieron dedicarse a cazar bisontes, mientras que los pueblos itinerantes, como los apaches, tuvieron que asentarse en un solo lugar.

Todos los pueblos indígenas tuvieron que dejar la guerra, lo que significó un terrible golpe para ellos, pues el derecho a defenderse de sus enemigos era una fuente de orgullo y seguridad.

Jerónimo

El último gran guerrero indígena derrotado por Estados Unidos fue Jerónimo, jefe militar de los apaches chiricahuas. Este hombre y sus seguidores habían resistido durante décadas los ataques del ejército de Estados Unidos en el estado de Nuevo México y del ejército mexicano en el estado de Chihuahua. En 1886 el orgulloso guerrero y los ciento treinta hombres que lo seguían se rindieron ante un ejército de cinco mil soldados que los había perseguido durante meses. Tras su rendición, Jerónimo fue obligado a vivir en una reserva en Florida, a miles de kilómetros de su casa y en un clima húmedo y caliente que resultaba insoportable para alguien que había vivido siempre en el desierto.

Discurso del jefe Jerónimo en el momento de rendirse a los soldados estadounidenses

"La Madre Tierra me escucha, espero que las cosas entre nosotros queden arregladas, que siempre tengamos paz.

Dos o tres palabras bastan, poco tengo que decir. Me rindo. Seamos todos amigos, todos una familia, todos un bando. Me rindo ante ustedes, hagan conmigo lo que gusten. Me rindo. Una vez me moví como el viento. Me rindo ante ustedes, es todo.

Mi corazón está con ustedes, espero que el de ustedes esté conmigo. Mi corazón no miente, cree que cualquier palabra suya es cierta. Ojalá llegue el día en que mis palabras hacia ustedes sean tan fuertes como las de ustedes son conmigo."

La vida en las reservas resultaba muy difícil porque todos, mujeres, hombres, niños y ancianos, vivían hacinados y era frecuente que se enfermaran de tuberculosis y otros padecimientos.

El gobierno de Estados Unidos los obligaba a cultivar la tierra para cosechar trigo y otras plantas europeas, pero muchos indígenas no sabían hacerlo o vivían en regiones donde la agricultura era muy difícil, por lo que muchas veces pasaban hambre y tenían que depender de la comida que el propio gobierno les regalaba. La pobreza y el aburrimiento de no poder hacer las cosas que más les gustaban, como cazar, moverse con libertad y hacer la guerra, provocó que muchos indígenas cayeran en el alcoholismo.

El gobierno estadounidense también prohibió que los pueblos indígenas practicaran sus creencias, pues las consideraba salvajes e ignorantes, y persiguió a los sacerdotes y sabios indígenas. A su vez, los niños fueron obligados a ir a la escuela en internados muy lejanos de sus casas, donde se les enseñaba que las formas de hablar, de pensar y de vivir de sus padres eran equivocadas, y que ellos debían pensar y comportarse como los colonos de origen europeo.

El orgullo y la valentía que habían permitido a los indígenas resistir durante siglos los ataques militares de los colonos y del gobierno de Estados Unidos les ayudaron después a enfrentar las agresiones, humillaciones y padecimientos de su existencia en las reservas.

Algo que los ayudó a sobrevivir fueron las nuevas religiones que inventaron, como las danzas de los espíritus. En estas danzas, los indígenas bailaban sin descansar hasta que entraban en trance y creían hablar con sus parientes que habían muerto en las guerras y en las reservas; además, volvían a ver a los bisontes y la vida que tenían anteriormente. Los profetas de las danzas de los espíritus prometían que pronto el mundo se acabaría y que una gran inundación o un temblor devastador terminaría con todos los colonos europeos. Entonces, las mujeres y hombres indígenas que habían muerto renacerían y todo volvería a ser como antes.

Canción sioux para los espíritus

Esta canción sioux expresa muy claramente las esperanzas de los indígenas que participaban en las danzas de los espíritus:

"Volverán a mostrarse, ¡ojalá los podamos ver!
Volverán a mostrarse, ¡ojalá los podamos ver!
Una nación de caballos volverá a mostrarse.
Una nación de criaturas de trueno volverá a mostrarse.
Volverán a mostrarse, ¡obsérvalos!
Volverán a mostrarse, ¡obsérvalos!"

Aunque las promesas de las danzas de los espíritus no se cumplieron, estas creencias dieron nuevas fuerzas a los pueblos indígenas. A través de ellas pudieron recordar la vida que habían llevado antes de la llegada de los blancos y así se sintieron de nuevo orgullosos de su pasado. Igualmente pudieron volver a sentir esperanzas hacia el futuro.

Muchos indígenas también se hicieron seguidores de la danza de la hierba, una práctica en la que se vestían como guerreros y bailaban y realizaban otras hazañas físicas para demostrar su fuerza y valor. De esta manera podían revivir algo de la gloria y la emoción que acompañaban sus antiguas guerras. En estas danzas participaban personas de diferentes pueblos que antes habían sido enemigas. Así, la danza de la hierba permitió que los distintos pueblos indígenas se hicieran amigos y descubrieran todo lo que tenían en común.

Canción comanche

"Los rayos del Sol se están acabando.
Los rayos del Sol se están acabando.
Los amarillos rayos del Sol se están acabando.
Los amarillos rayos del Sol se están acabando.
Viviremos de nuevo.
Viviremos de nuevo."

A lo largo del siglo XX, las mujeres y hombres de los diferentes pueblos lucharon por defender sus derechos; de esta forma, consiguieron recuperar algunas de las tierras que les fueron arrebatadas. También lograron impedir que sus hijos fueran enviados a escuelas donde les enseñaban a odiar su propia cultura.

Asimismo, han conseguido que su historia se recuerde y que las muertes y los sufrimientos de su pasado sean conocidos. En algunas reservas los pueblos indígenas han prosperado mucho gracias a que han abierto negocios como hoteles y casinos, lo que les ha posibilitado fundar escuelas para sus hijos y abrir museos que explican su historia y su cultura.

También existen hoy muchos artistas indígenas que producen tejidos, cestos, cerámica, collares y cinturones con chaquira —cuentas de vidrio perforadas que pueden ser ensartadas en hilos— y muchos otros productos a la manera tradicional de sus pueblos. Cada vez hay más escritores indígenas que cuentan la historia de sus pueblos, que narran los relatos sobre el origen del mundo y de los dioses, de los hombres y de los animales.

Cronología

20000 a 10000 a. C. Llegada de pueblos provenientes de Asia a América del Norte. Atraviesan por el estrecho de Bering, entre las actuales Rusia y Alaska, un paso firme gracias a las glaciaciones.

10000 a 8000 a. C. Termina la glaciación y el océano cubre el paso por el estrecho de Bering.

9000 a 5000 a. C. Extinción de los grandes animales que poblaban América del Norte: mamuts, tigres dientes de sable, camellos, caballos salvajes, tapires y otros.

3000 a 2000 a. C. Los pueblos de Mesoamérica llevan el maíz a América del Norte.

2000 a 1500 a. C. La alfarería se comienza a practicar en muchas regiones de América del Norte.

1500 a. C. Domesticación de los perros en América del Norte.

1000 a. C. a 200 a. C. Construcción de los primeros montículos en la zona del Misisipi.

500 d. C. El arco y la flecha comienzan a utilizarse por toda América del Norte.

700 - 1700 Auge de la construcción de grandes montículos en la zona del Misisipi.

858 - 1014 Los vikingos establecen colonias en la costa atlántica de América del Norte, pero éstas son abandonadas.

1492 Cristóbal Colón llega a América.

1497 - 1498 Sebastián y Juan Cabot exploran la costa atlántica de América del Norte.

1500 - 1600 Las epidemias provenientes de Europa reducen drásticamente la población indígena de América del Norte.

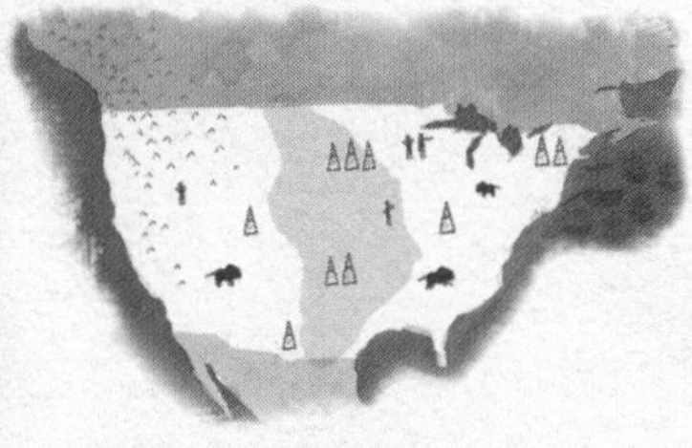

1534 Comienzan las exploraciones francesas en lo que hoy es Canadá.

1560 - 1570 Se constituye la Liga Iroquesa de las Cinco Naciones: los mohawk, los oneida, los onondaga, los cayuga y los seneca.

1580 - 1590 Los ingleses intentan fundar varias colonias en América del Norte, pero fracasan.

1600 - 1770 Los indígenas de las praderas aprenden a montar los caballos traídos por los españoles.

1607 Se funda la primera colonia inglesa permanente, en lo que hoy es el estado de Virginia.

1620 Se establecen las primeras colonias inglesas en Nueva Inglaterra, en el noreste de América del Norte.

1640 - 1685 La Liga Iroquesa derrota a la mayor parte de sus enemigos y se convierte en el gran poder indígena del noreste de América del Norte.

1688 - 1763 Guerras entre Inglaterra y Francia, con sus respectivos aliados indígenas, por el control de América del Norte. Los iroqueses apoyan a los ingleses.

1727 - 1743 Los franceses comienzan a explorar la región de las praderas.

1730 Primera alianza entre los cheroquís y los ingleses.

1750 - 1800 Los sioux y otros pueblos llegan a las praderas donde comienzan a montar caballos y cazar bisontes.

1760 - 1761 Estalla la guerra entre los cheroquís y los colonos europeos en su región.

1775 - 1783 Guerra de Independencia de Estados Unidos. Los iroqueses y muchos otros grupos apoyan a los ingleses contra los colonos.

1783 - 1830 El gobierno de Estados Unidos comienza a despojar de sus tierras a los pueblos indígenas del noreste y del sureste.

1803 El gobierno de Estados Unidos compra Luisiana y todos los territorios franceses en América del Norte.

1809 - 1821 Sequoyah inventa el silabario cheroquí.

1813 - 1830 Guerras entre las Cinco Tribus Civilizadas del sureste y el gobierno de Estados Unidos.

1831 - 1839 Los pueblos indígenas del sureste son obligados a mudarse a Oklahoma en el llamado "Sendero de las Lágrimas".

1851 Tratado entre Estados Unidos y los pueblos de las praderas para proteger sus tierras. No es respetado.

1854 - 1881 Guerras entre Estados Unidos y los pueblos de las praderas. Terminan con la rendición de Toro Sentado.

1885 Los bisontes casi son exterminados en todas las praderas.

1890 Movimiento de la danza de los espíritus. Matanza de trescientos cincuenta sioux en Wounded Knee.

1890 - 1910 La población indígena de Estados Unidos baja a menos de 250 mil personas.

1883 El gobierno de Estados Unidos prohíbe las religiones de los pueblos indígenas y comienza a perseguir sus rituales y ceremonias.

1898 El gobierno de Estados Unidos deja de reconocer a los gobiernos de los pueblos indígenas.

1924 El gobierno de Estados Unidos otorga la ciudadanía a todos los indígenas.

1960 - 1980 Auge de los movimientos de los pueblos indígenas a favor de sus derechos.

Esquimales, kwakiutl y hurones

Teotihuacanos, toltecas y tarascos

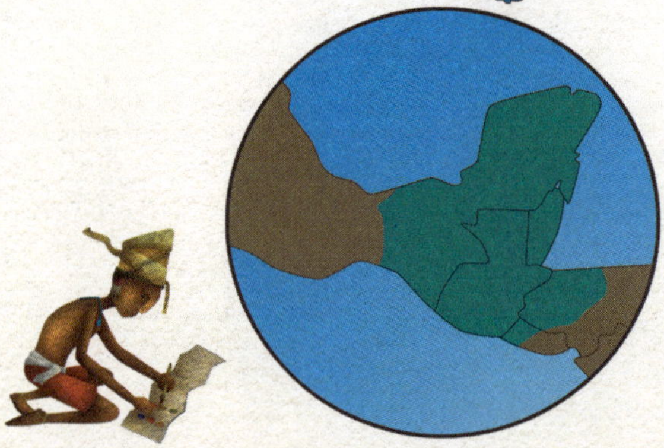

Mayas

Kayapó, jíbaros y cashinahuas

Iroqueses, cheroquís
y sioux

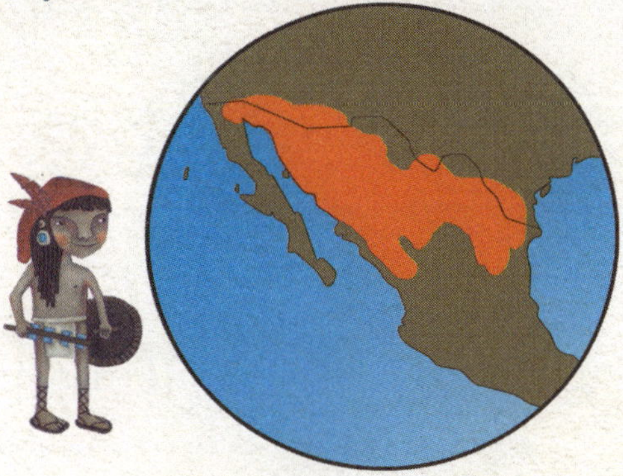

Ópatas, tarahumaras,
yaquis y seris

Mexicas

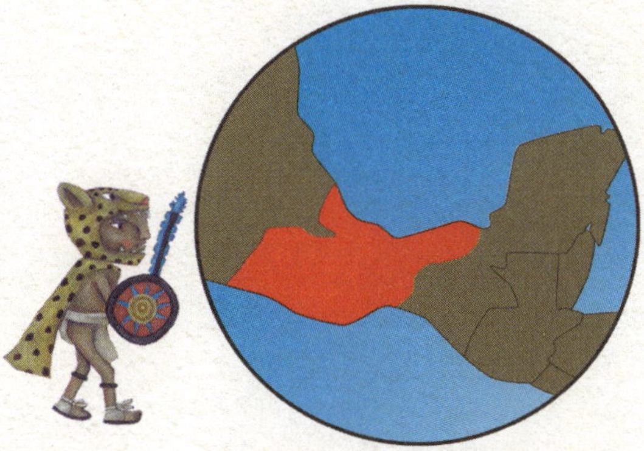

Olmecas, zapotecos
y mixtecos

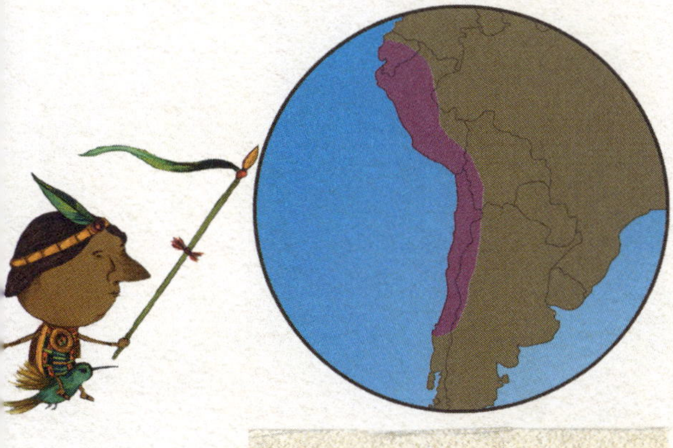

Incas

Mapuches

Bibliografía

Catlin, George, *The North American Indians*, Massachusetts, Applewood Books, Applewood's Native American Series, 2010.

Johansen, Bruce y Maestas Roberto, *Wasi' chu. El genocidio de los primeros norteamericanos*, México, FCE, 1982.

Kehoe, Alice B., *North American Indians. A Comprehensive Account*, Upper Saddle River, Prentice-Hall, 1981.

Mann, Charles C., *1491, Una nueva historia de las Américas antes de Colón*, México, Taurus, 2006.

Marienstras, Élise, *La resistencia india en Estados Unidos*, México, Siglo XXI, 1982.

Perdue, Theda y Michael D. Green,
The Cherokee Nation and the Trail of Tears,
EUA, Penguin Group, 2008.

Rocha Vivas, Miguel, *El héroe de nuestra imagen. Visión del héroe en las literaturas indígenas de América*,
Colombia, Andrés Bello/Universidad de los Andes, 2004.

Waldman, Carl, *Atlas of the Northamerican Indian*,
Nueva York, Facts on File, 1985.

Referencias electrónicas

Fénix cheroquí y el defensor de los indios,
en http://www.cherokeephoenix.org
(consulta: 19 de julio de 2011).

Iroqueses, cheroquís y sioux
Los indígenas de Estados Unidos

terminó de imprimirse en 2015
en los talleres de Editorial Impresora Apolo, S. A. de C. V.,
Centeno 150-6, colonia Granjas Esmeralda,
09810, México, D. F.
Para su formación se utilizó la familia Utopia
diseñada por Robert Slimbach en 1989.